머 / 리 / 말

    지적장애 및 자폐스펙트럼 아동의 인지적 개입은 이들의 일상생활 적응에 있어 가장 기초적이고 중요한 치료/교육 영역이다. 이에 학습문제에 대한 개입 시, 많은 치료사와 교사, 부모들은 보다 아동들이 즐겁게 참여할 수 있으며, 이들의 수준 및 인지적 특성이 고려된 다양한 활동에 대한 필요성에 대해 이야기 해왔다.

    아동학 박사인 저자들 또한 오랜 임상경험을 바탕으로 지적장애 및 자폐스펙트럼 아동들이 비교적 잘 계획되고 조직화된 활동을 통해 인지적 개입의 목표와 전략을 쉽게 이룰 수 있을 뿐만 아니라, 개입의 지속성을 높일 수 있는 워크북에 대한 고민이 많았다. 그리고 때마침 장애아동을 위한 교육 사업에 힘쓰고 있는 민달팽이사회적협동조합을 만나 이 책을 준비하게 되었다.

    다양한 학습활동이나 전략이 제시된 훌륭한 책들이 없지 않으나, 보다 지적장애 및 자폐스펙트럼 아동의 인지적 기능 증진을 위한 구성이 필요하다는 이유에서 오랜 고심 끝에 이 책을 내 놓게 되었다. 다만, 임상 및 교육 장면에서 학습치료적 개입에 대한 전문적인 요구가 증가하고 있기 때문에, 이 책이 치료사, 교사들에게 단순하게 쓰이기보다는 각 아동의 발달 및 인지적 특성을 고려하여 보다 개별적이며 창의적으로 활용되기를 바란다.

    마지막으로 이 책을 더욱 빛나게 써주실 치료사, 교사, 부모에게 먼저 응원의 인사를 전하며, 이 책이 나올 수 있도록 지지해준 민달팽이사회적협동조합에도 깊은 감사의 마음을 전한다.

2020년 9월

정하나, 유선미

3권

주의력 향상을 위한 활동

1. 청각 주의력 6

2. 시각 주의력 22

3권
주의력 및 실행기능
향상을 위한 활동

1 듣고 따라 말하기

1	2-5
2	7-3-6
3	5-1-9
4	2-4-6-3
5	1-9-7-2-5
6	2-3-5-7-1
7	8-1-3-5-6-9

1 청각 주의력

1 듣고 따라 말하기

1. 3-0-5
2. 1-9-8-3
3. 2-0-5-9
4. 3-7-0-2-6
5. 5-6-2-1-9-0
6. 2-7-6-0-1-5-9
7. 3-0-1-5-7-2-5

3권
주의력 및 실행기능 향상을 위한 활동

1 듣고 따라 말하기

1	가-다
2	다-마-가
3	라-바-사
4	하-차-카-아
5	사-자-가-마-아
6	아-나-가-사-파
7	자-가-바-다-사-하

청각 주의력

1 듣고 따라 말하기

1. 꽃-물
2. 나비-구름
3. 사과-바다-김치
4. 길-바람-자동차-전화기
5. 땅-버스-파도-눈썰매
6. 눈-공책-줄넘기-책상-코-운동화
7. 비누-감기-의자-선생님-병원-선풍기

3권
주의력 및 실행기능 향상을 위한 활동

2 듣고 그림에서 찾기

들려주는 단어나 문장을 잘 듣고 알맞은 그림에 ○표 해보세요.

1) 여자 / 남자 / 갈색 가방

2) 사람은 몇 명인가요?

3) 남자와 여자는 무엇을 하고 있나요?

4) 여자의 표정은 어떠한 것 같나요?

1 청각 주의력

2 듣고 그림에서 찾기

들려주는 단어나 문장을 잘 듣고 알맞은 그림에 ○표 해보세요.

1) 지구본 / 책 / 색연필 / 안경

2) 사람은 몇 명인가요?

3) 여자아이는 무엇을 하고 있나요?

4) 책은 모두 몇 개인가요?

**3권
주의력 및 실행기능
향상을 위한 활동**

2 듣고 그림에서 찾기

들려주는 단어나 문장을 잘 듣고 알맞은 그림에 ○표 해보세요.

1) 바나나 / 블루베리 / 딸기 / 포도 / 오렌지

2) 사람은 몇 명인가요?

3) 블루베리는 몇 박스인가요?

4) 딸기는 몇 박스인가요?

1 청각 주의력

2 듣고 그림에서 찾기

들려주는 단어 잘 듣고 순서를 기억해서 괄호안에 숫자를 쓰세요.

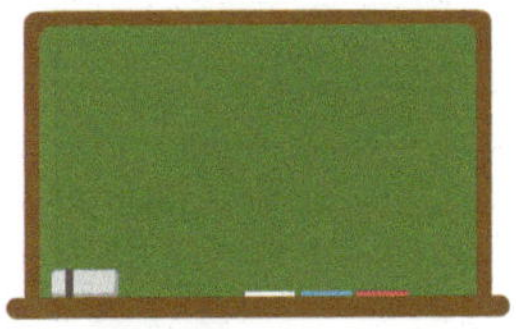

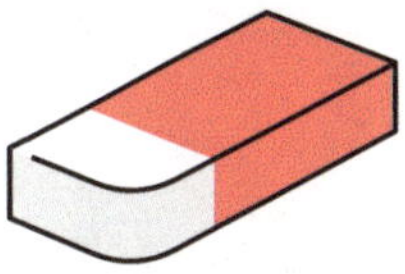

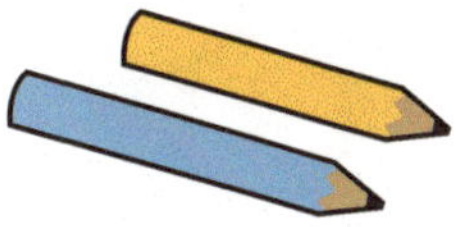

3권
주의력 및 실행기능 향상을 위한 활동

2 듣고 그림에서 찾기

들려주는 단어 잘 듣고 순서를 기억해서 괄호안에 숫자를 쓰세요.

청각 주의력

2 듣고 그림에서 찾기

들려주는 이야기를 들으면서 지시한 단어가 나오면 손뼉을 치세요.

엄마랑 아기는 산책을 하러 집 밖으로 나왔어요. 엄마는 아기를 유모차에 태우고 걸어가다가 엄마친구를 만났어요. 엄마친구는 엄마에게 반갑다고 인사를 하자 엄마도 너무 반갑다고 인사를 했어요. 엄마와 엄마친구는 한참을 이야기 하다가 헤어졌어요. 엄마는 엄마친구와 헤어진 이후에 공원에 갔어요. 공원에서 엄마는 아기와 놀이터에서 술래잡기를 하고 놀았어요. 엄마도 아기도 너무 재밌게 놀다보니 벌써 어두워졌어요.

1) **엄마**가 나올 때 마다 손뼉을 치세요.

2) **엄마**는 몇 번 나왔나요?

3권 주의력 및 실행기능 향상을 위한 활동

 듣고 손뼉치기

들려주는 이야기를 들으면서 지시한 단어가 나오면 손뼉을 치세요.

오늘은 추석입니다. 추석이 되면 할머니 할아버지 집에 가서 맛있는 음식도 먹고, 다 함께 모여 즐거운 놀이도 합니다. 제일 좋아하는 추석 음식은 송편이고, 그 다음에 좋아하는 음식은 잡채입니다. 추석 때 좋아하는 놀이는 윷놀이입니다. 특히 윷놀이는 다함께 윷을 던져서 하는 놀이로 서로 잡고 잡히다가 자기 편 알이 다 들어오는 팀이 이기는 게임입니다. 추석 때 즐겁게 놀고, 맛있는 음식도 먹고 보름달도 보고 소원도 빌고 추석이 너무 좋습니다. 추석 소원이 다 이루어졌으면 좋겠습니다.

1) **추석**이 나올 때 마다 손뼉을 치세요.

2) **추석**은 몇 번 나왔나요?

1 청각 주의력

3 듣고 손뼉치기

들려주는 이야기를 들으면서 지시한 단어가 나오면 손뼉을 치세요.

달에 토끼가 산다면 어떨까? 달에 토끼가 산다면 토끼도 있을 것이고, 토끼 혼자 있지 않도록 친구를 보내줘야겠다. 토기 친구가 혼자 외롭지 않게 거북이 친구도 함께 보내주고, 거북이가 외롭지 않게 거북이 친구도 보내주자. 만약 토끼가 심심할 수 있으니까 우리가 절구도 보내주자. 절구를 함께 치면서 떡을 만들 수 있도록 도와주자. 친구와 떡을 치자. 쿵덕쿵 쿵덕쿵. 거북이 친구도 함께 떡을 만들 수 있도록 주물주물 반죽을 해주자. 떡이 반죽이 다되면 함께 송편을 만들어보자. 밝은 둥근 달이 뜨면 다 함께 송편을 먹어보자.

1) **가**가 나올 때 마다 손뼉을 치세요.

2) **가**는 몇 번 나왔나요?

3권
주의력 및 실행기능 향상을 위한 활동

 4 듣고 그림그리기

엄마가 태민이에게 슈퍼에서 물건을 사오라고 심부름을 시켰어요.
태민이가 사야할 물건을 그려보세요.

"태민아 슈퍼에 가서 사과 1개랑 오렌지 1개 사오고,

너가 좋아하는 과자 1봉지도 사오렴.

그리고 우유도 1개 사와줘"

1 청각 주의력

4 듣고 그림그리기

민지는 오늘 해야할 숙제를 깜빡하고 못 적어왔어요. 친구에게 전화를 걸어 숙제랑 준비물을 물어봐서 다시 적어보세요.

"수지야 오늘 숙제가 뭐야?"

"오늘 숙제는 수학 익힘 2장, 받아쓰기 연습해오는 거야. 그리고 준비물은 색연필이랑 색종이, 풀, 가위야"

3권
주의력 및 실행기능
향상을 위한 활동

 5 잘 듣고 순서 기억하기

선희는 학교에 가려면 집에서 나와서 놀이터를 지나서 문방구를 지나, 편의점 앞에서 횡단보도를 건너 학교에 갑니다.

집 → ___ → ___ → ___ → 학교

수빈이는 아침에 일어나 세수를 한 다음 양치를 합니다. 그런 다음 옷을 갈아입고, 밥을 먹습니다.

일어나기 → ___ → ___ → ___ → 밥

청각 주의력

 잘 듣고 순서 기억하기

엄마가 청소를 합니다. 먼저 방을 청소한 후 거실을 청소 합니다. 그 후에 화장실을 청소하고 설거지를 한 후 마지막으로 세탁기에 가서 빨래를 합니다.

방     빨래

민재는 학교에서 끝나면 학원을 갑니다. 피아노 학원을 갔다가 태권도를 가고, 잠깐 쉬었다가 영어학원과 수학학원을 갔다가 수영학원에 갑니다.

피아노   → →수영장

3권
주의력 및 실행기능 향상을 위한 활동

1 빠진 곳 찾기

2 시각 주의력

1 빠진 곳 찾기

3권
주의력 및 실행기능
향상을 위한 활동

1 빠진 곳 찾기

2 시각 주의력

1 빠진 곳 찾기

3권
주의력 및 실행기능 향상을 위한 활동

2 기호쓰기

🍓	🍇	🍌	🍒	🍉	🍊
1	2	3	4	5	6

2. 시각 주의력

2. 기호쓰기

3권
주의력 및 실행기능 향상을 위한 활동

2 기호쓰기

2 시각 주의력

2 기호쓰기

3권
주의력 및 실행기능 향상을 위한 활동

3 대칭 그림 그리기

시각 주의력

3 대칭 그림 그리기

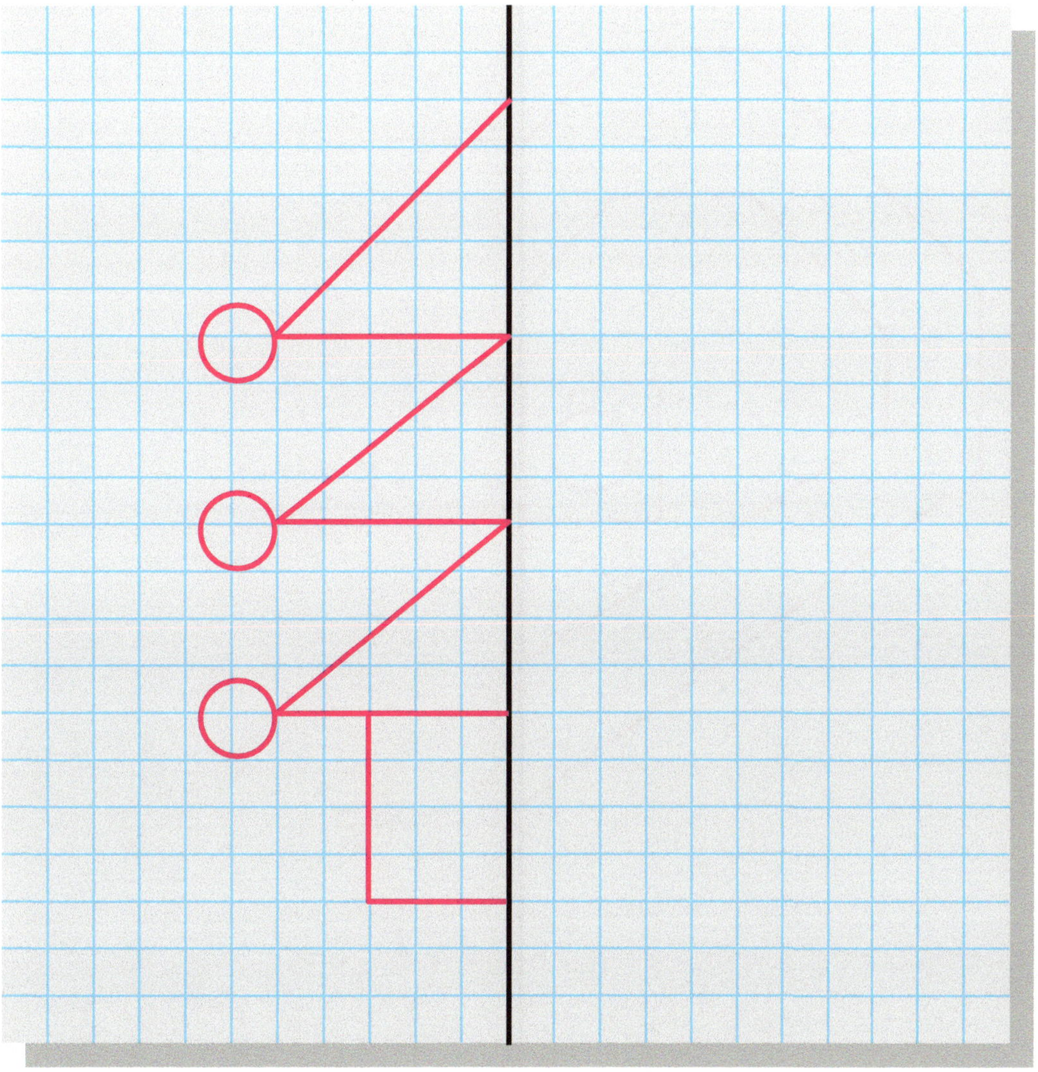

3권
주의력 및 실행기능 향상을 위한 활동

3 대칭 그림 그리기

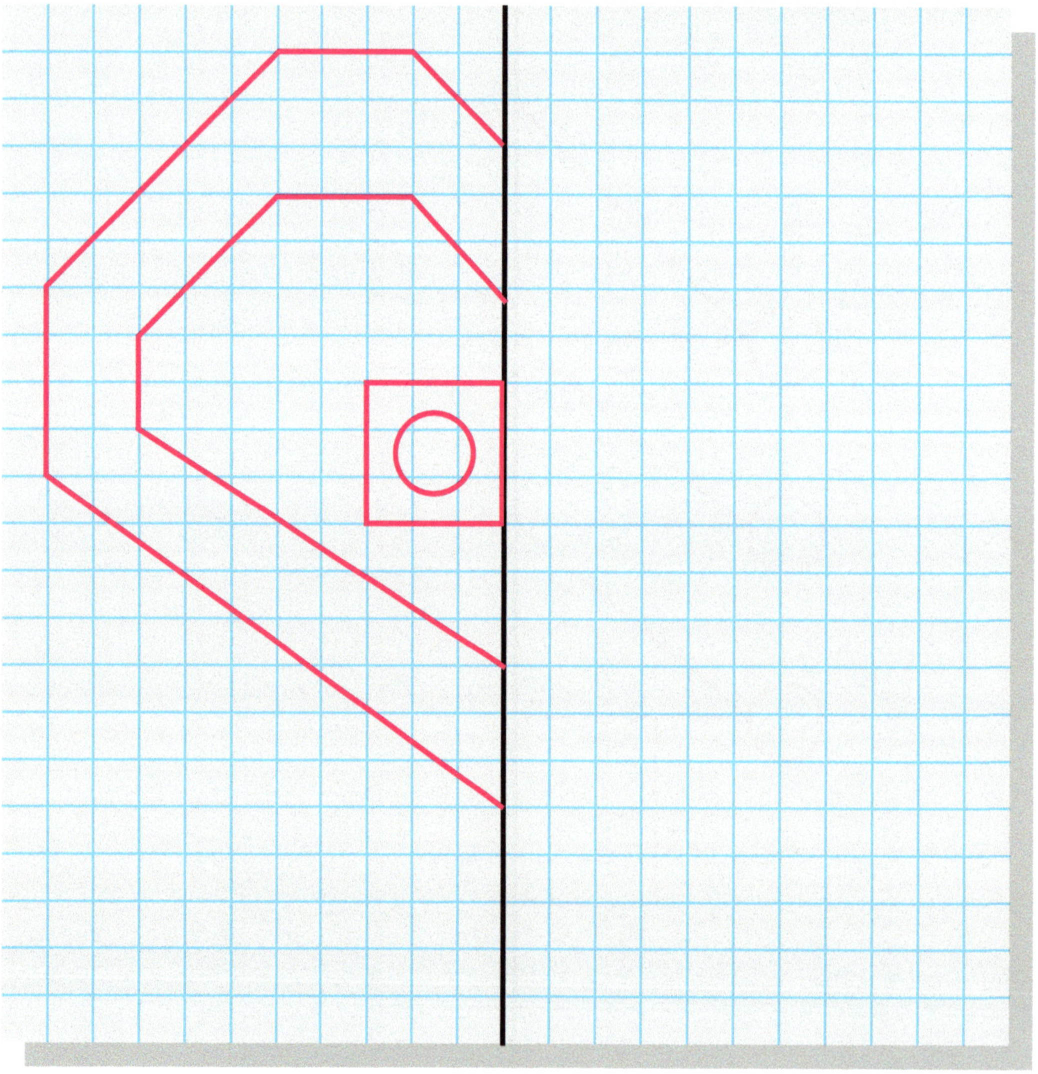

2 시각 주의력

3 대칭 그림 그리기

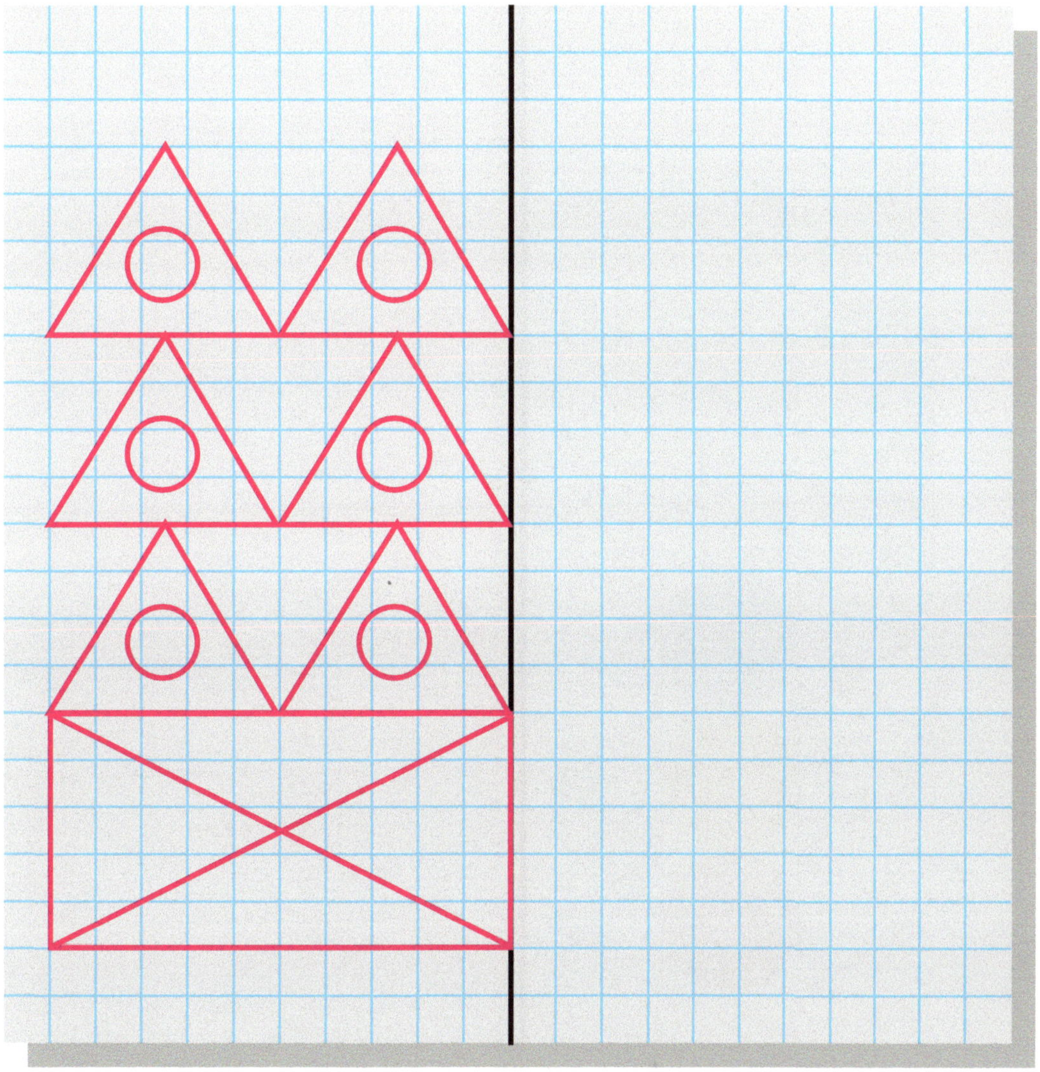

33

3 대칭 그림 그리기

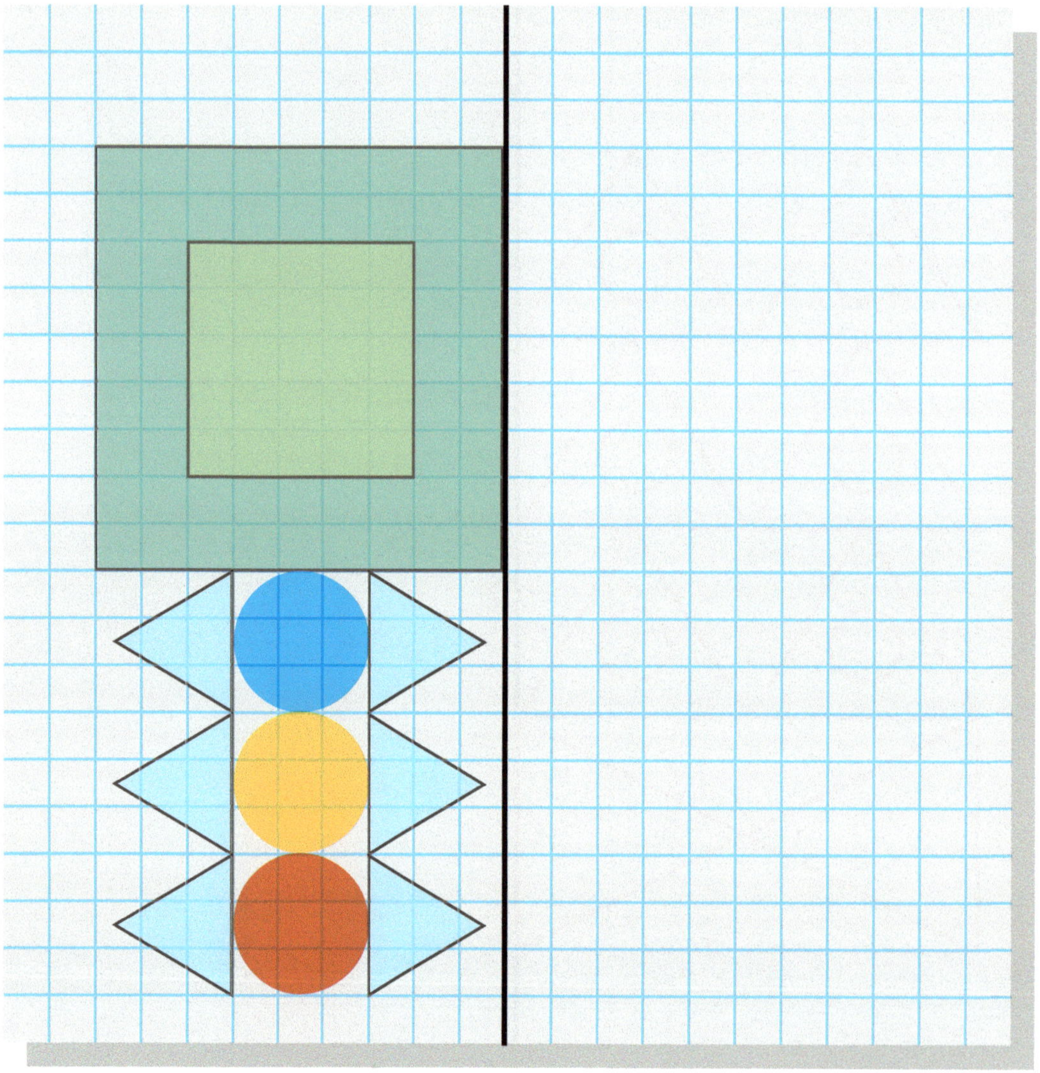

2 시각 주의력

3 대칭 그림 그리기

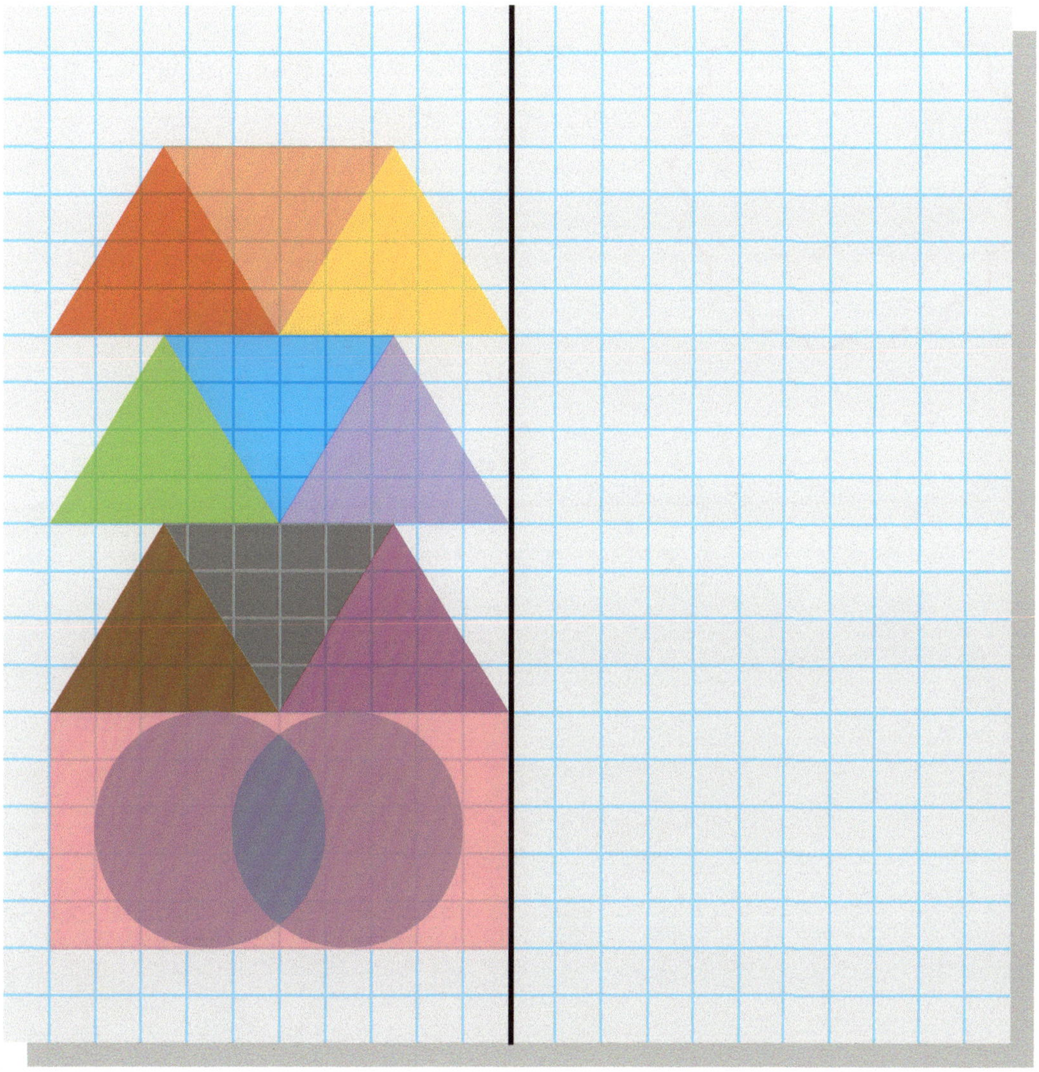

3권
주의력 및 실행기능
향상을 위한 활동

4 다른 점 찾기

시각 주의력

 **4** 다른 점 찾기

3권
주의력 및 실행기능
향상을 위한 활동

4 다른 점 찾기

2 시각 주의력

4 다른 점 찾기

민달팽이 사회적 협동조합 소개

민달팽이 사회적 협동조합은

서로 부족하면 돕고

서로 풍족하면 나누며

누구나 가지고 있는 꿈과 희망을

그려볼 수 있는 기회가 있는

열린 사회적 협동조합을 지향합니다.

장애 아동 학습 지원 서비스, 장애인 주간보호 센터, 장애인 활동 지원,

특수아동지도사 양성교육, 장애인 문화, 예술사업을 통해 장애와 비장애인이

함께하는 디아코니아를 만들어 나가고 있습니다.

느린학습자를 위한 교재 시지즈

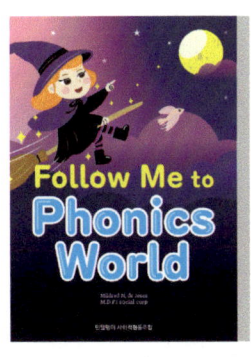

Follow Me to Phonics World

스스로 학습하고 따라 하기가 어려운 느린 학습 아동들의 학교 공부를 따라갈 수 있도록 이해하기 쉬운 설명과 재미있는 문구로 제작된 영어 교재

스피킹 UP

느린 학습자 권장 영어 말하기 교재로 간단한 문법 공부와 문제들을 통해 일상생활에서 자주 쓰이는 회화들을 배우며 말하기까지 터득할 수 있는 교재

자신감시리즈 1, 2, 3, 4

장애를 가진 느린 학습 아동들이 재밌는 활동을 통해 자연스럽게 자신감을 키울 수 있도록 제작된 단계별 교재

징검다리 시리즈 1, 2, 3, 4

느린 학습 아동들이 한 걸음씩 단계별로 공부할 수 있도록 짜여진 국어 교재

글	정하나 · 유선미 · 민달팽이사회적협동조합
편집인	김정희
기획/편집	문상희
사진/엮음	문수진
디자인	오은정

펴낸곳	민달팽이 사회적협동조합
주소	인천시 남동구 만수서로37번길 55 하영빌딩 2층
전화	032-472-0123
팩스	032-472-0021
등록	제353-2019-000019호

ISBN 979-11-93352-03-8
ISBN 979-11-93352-00-7 (세트)

*이 출판물은 저작권법에 의해 보호를 받는 저작물이므로
 무단 전재와 무단 복제를 할 수 없습니다.

*저자와의 협약 아래 인자는 생략되었습니다.